24 HEURES
dans l'Arctique
Une journée avec les animaux de la zone arctique

GALLIMARD J[illegible]SSE

Pour l'édition originale
Écrit et dirigé par Lorrie Mack
Responsables artistiques Clare Shedden

Maquettiste PAO Emma Hansen-Knarhoi et Ben Hung
Iconographes Julia Harris-Voss et Jo Walton
Fabrication Lucy Baker

Direction éditoriale Susan Leonard
Direction artistique Rachael Foster
Responsable éditorial Mary Ling

Conseiller Bryan et Cherry Alexander

Pour l'édition française
Responsable éditorial Thomas Dartige
Suivi éditorial Eric Pierrat et Anne-Flore Durand

Réalisation Les Éditions de l'Après-Midi
Traduction Catherine Grive
Édition Claire Aubreton

Conseiller François Moutou

Couverture Raymond Stoffel et Aubin Leray
Photogravure Scan+

Édition originale parue sous le titre
24 Hours Arctic

ISBN 978-2-07-061337-3

Dépôt légal : février 2008
n° d'édition : 149703
Loi n° 49-956 du 16 juillet 1949
sur les publications destinées à la jeunesse

Photogravure Colourscan à Singapour
Imprimé et relié en Chine
par Hung Hing

Bienvenue en Arctique, terre

L'Arctique n'est pas seulement très très **froid** – l'air y est aussi sec que dans le **désert**.

glacée, éloignée de tout, tout en haut du globe.

14 h 00 Après-midi

18 h 00 Crépuscule

22 h 00 Nuit

L'Arctique est presque entièrement composé d'un océan gelé, bordé par quelques terres sauvages. Viens passer 24 heures avec les animaux qui l'habitent.

L'Arctique est un vaste océan, autrefois recouvert de glace toute l'année. Mais en raison du réchauffement de la planète, sa surface se réduit de plus en plus.

Partout dans le monde, une journée se compose d'une période de jour, longue l'été, et d'une période de nuit, longue l'hiver. Mais les pôles ne connaissent pas de nuits noires en été ni de journées claires en hiver. **24 Heures dans l'Arctique** nous fait passer un jour d'avril avec les animaux qui y vivent.

Les morses

Avec leurs grands corps maladroits, les morses ont une drôle d'allure sur la terre comme sur la glace. Ils passent deux tiers de leur temps dans l'eau, où ils se déplacent rapidement, propulsés par des nageoires qui agissent comme des pagaies.

L'ours polaire

Comme le morse, l'ours est un bon nageur qui peut rester des heures dans l'eau glacée grâce à une épaisse couche de graisse qui le protège du froid. L'ours polaire est l'ours le plus grand du monde.

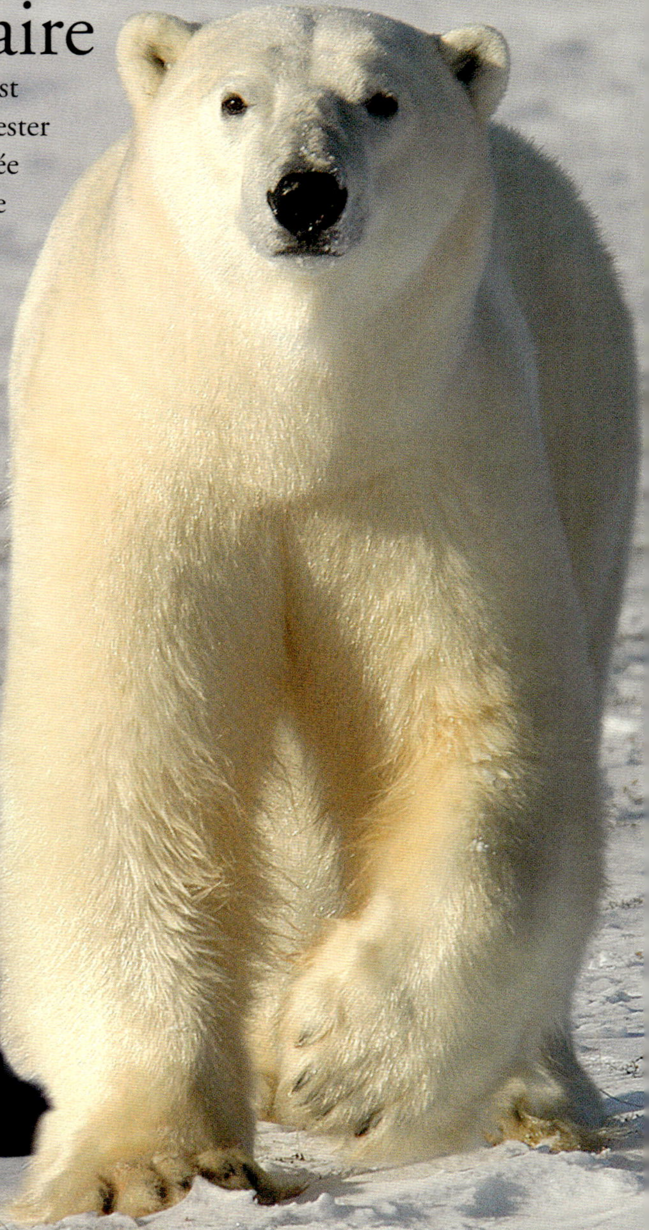

Le harfang des neiges

C'est l'un des rares oiseaux qui vit toute l'année dans l'Arctique. Quand une mère fait son nid, ses poussins peuvent être d'âges différents, car elle couve chaque œuf dès qu'elle le pond. Si la nourriture vient à manquer, les aînés mangent les plus jeunes.

Le cerf de l'Arctique

Dans l'Arctique canadien, on les appelle « caribous », et ils vivent en liberté. Dans le Nord de l'Europe, ils sont souvent domestiqués, et on les connaît sous le nom de « rennes ». Quelle que soit leur appellation, ce sont les grands mammifères les plus nombreux de la région.

Introduction

Échelle Cette échelle, qui représente un enfant d'environ 1 m 15, permet de connaître la taille des espèces rencontrées. Une main mesure à peu près 14 cm du poignet à l'extrémité du majeur.

L'été dans l'Arctique

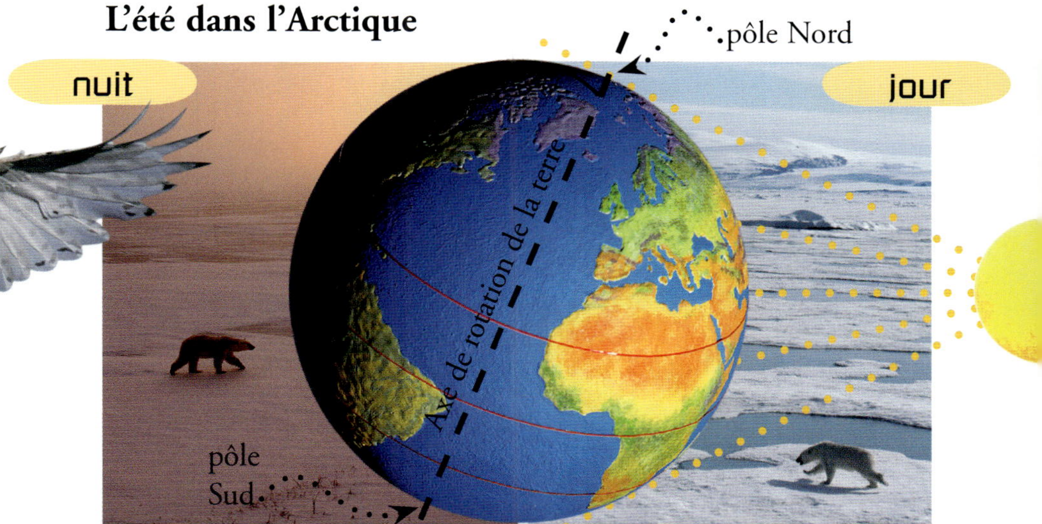

Presque toute l'année, les journées de l'Arctique sont soit complètement lumineuses, soit plongées dans l'obscurité. Ce phénomène est dû à l'axe de rotation de la terre, ligne imaginaire qui passe par son centre. En été, il est penché en direction du soleil, dont les rayons éclairent l'Arctique à plein temps. Mais en hiver, le soleil n'atteint jamais le pôle qui reste dans l'obscurité. Ainsi, les animaux de l'Arctique mangent et dorment à n'importe quelle heure.

Le renard polaire

S'il ressemble aux autres renards, les pattes, la queue, les oreilles et le museau du renard polaire sont légèrement plus petits. Cette différence anatomique l'aide à se protéger du froid perçant car la surface exposée est ainsi moins importante.

1 Bébé phoque du Groenland

À l'aurore, la courte nuit commence à s'estomper. À cette période de l'année, les nuits sont crépusculaires mais pas vraiment noires car le soleil ne se couche jamais complètement. Seul sur la glace, un bébé phoque se repose en attendant que sa mère vienne le nourrir.

À l'aurore

Se servant de son odorat, l'**ours polaire** cherche sa proie. Si un phoque se trouve à proximité, dans un trou, l'ours va l'attraper pour son petit déjeuner.

Le **caribou** se sert de ses sabots en corne et de sa grande paire de bois pour se gratter dans les endroits difficiles à atteindre.

Un **renard polaire** fouille la carcasse d'un oiseau qu'il vient de tuer. S'il ne peut pas tout manger, d'autres animaux viendront finir les restes.

Pour tirer leur corps massif hors de l'eau et le traîner sur un morceau de glace, les **morses** utilisent leurs défenses comme des leviers.

Contrairement aux autres chouettes, les **harfangs des neiges** ne dorment pas le jour et chassent la nuit, ils cherchent leur proies à l'aube et au crépuscule.

Nombreux dans les mers de l'Arctique, les phoques du Groenland sont très sociables. Ils vivent et se déplacent en groupes bruyants. Ils se rassemblent sur des morceaux de banquise flottant loin de la côte, et plongent pour trouver des petits poissons dans l'eau profonde. Les bébés phoques, nés à la fin de l'hiver, sont encore très jeunes au mois d'avril.

Les mères touchent le nez des petits pour les saluer et les reconnaître.

En raison de leur fourrure claire, les nouveau-nés sont appelés « blanchons ».

Les bébés phoques

Quand ils viennent de naître, les bébés se nourrissent du riche lait de leur mère. Très vite, une épaisse couche de graisse se forme sous leur peau pour les protéger du froid.

Deux femelles pensent que ce petit leur appartient. Si elles n'arrivent pas à trancher, une bagarre risque d'éclater.

Ces deux-là sont encore jeunes, mais leur fourrure blanche a disparu pour laisser place à une peau adulte, plus fine et grise.

Pendant leurs deux premières semaines, les bébés restent couchés sur la glace et attendent que leur mère vienne les nourrir. Leur épaisse fourrure blanche les maintient au chaud.

Bébés glacés

Juste avant d'accoucher (ce qu'on appelle mettre bas), les phoques du Groenland femelles se hissent sur la banquise. L'espace où les bébés naissent et sont élevés par leur mère est appelé une « nurserie ».

De nombreux animaux

de l'Arctique sont blancs et difficiles à voir sur la neige. Ce déguisement naturel, appelé camouflage, dissimule certains à la vue de leurs prédateurs et permet à d'autres d'attaquer avant d'être repérés.

L'hermine est une sorte de grosse belette et, comme toutes les hermines, le bout de sa queue est noir, même quand sa fourrure est blanche. Si des oiseaux affamés la repèrent et plongent pour l'attraper, elle est capable de détaler très vite.

Les loups de l'Arctique sont proches des loups gris ordinaires. Une grande différence cependant : leur couleur, toujours claire. Celui-ci, qui montre ses dents, est d'un blanc presque pur, mais les loups de l'Arctique sont parfois crème ou gris clair.

Un harfang des neiges mâle est très difficile à repérer sur la neige ou la glace, et dans les ciels clairs et nuageux.

Cache-cache

Observe attentivement et tu découvriras un lagopède dans sa blanche robe d'hiver, au milieu de la neige. En été, cet oiseau arbore des plumes tachetées de marron ou grises.

La fourrure blanche de ce bébé phoque lui tient chaud et le protège des prédateurs qui ont du mal à le repérer quand il est étendu sur la neige ou sur la glace.

Les lièvres de l'Arctique sont blancs toute l'année mais en été, leur teinte est légèrement plus grise. Ces lièvres, les plus gros de l'espèce, creusent sous la neige pour trouver leur nourriture.

Plus gros que le renard polaire, le lièvre de l'Arctique a de grandes pattes et peut atteindre la vitesse de 65 km/h.

Seul l'homme chasse les ours polaires. Ils sont non seulement les plus gros ours du monde mais aussi les chefs incontestés du Grand Nord.

Un vagabond solitaire

À l'exception des femelles qui ont des petits, les ours polaires vivent et chassent seuls. Ils passent presque toute leur vie sur la mer de glace, à chasser les phoques. Les mâles sont en moyenne deux fois plus gros que les femelles. Leur poids peut atteindre 650 kg, soit autant que 10 personnes réunies.

Qui est le chef ?

Le comportement de l'ours

L'odorat d'un ours est bien plus aiguisé que le nôtre : il peut sentir un phoque à des kilomètres à la ronde.

Habiter sur son terrain de chasse

Les ours polaires vivent dans des zones où se trouvent à la fois la banquise fixée aux côtes ou dérivante et la mer. Au printemps, les mâles passent un quart de leur temps à chasser. Quand ils ne chassent pas, ils dorment ou se reposent.

Ces jeunes mâles semblent se battre, mais, comme de nombreux animaux, ils aiment jouer à se bagarrer.

Comme les humains, les ours polaires marchent sur la plante de leurs pattes, en posant le talon en premier.

Avec leur fourrure chaude et leur épaisse couche de graisse, les ours ont vite très chaud. Se reposer est alors souvent la meilleure chose à faire.

Les ours polaires femelles prennent soin de leurs petits jusqu'à ce qu'ils aient deux ou trois ans. Les pères ne s'en occupent pas. Les mères donnent naissance en général à deux bébés, dans une tanière dont elles ne sortent que lorsque les petits sont âgés de plusieurs mois.

En toute sécurité

Les petits sont nés au milieu de l'hiver, mais ils restent dans leur tanière jusqu'au mois de mars ou d'avril. Avant de mettre bas, les mères doivent stocker suffisamment de graisse pour avoir des réserves pendant tout ce temps, et fournir du lait à leurs petits.

Sous le regard étonné de l'un de ses petits, cette mère savoure l'air libre après les longs mois passés dans sa tanière.

Les tanières sont en général creusées dans la neige, mais peuvent aussi l'être dans le sol.

Leçons de survie

Les petits commencent à manger de la nourriture solide dès que leur mère réussit à tuer un animal. À l'âge d'un an, ils auront appris à chasser en la regardant faire.

Des oiseaux, comme ce goéland, leur tournent autour en espérant partager le festin.

09 h 10 Une mère et ses petits dévorent à pleines dents. Et personne ne se préoccupe de nettoyer la table…

09 h 50 Voilà trois ventres bien remplis ! La mère décide que le petit déjeuner est terminé et appelle ses petits pour qu'ils la rejoignent dans l'eau.

09 h 54 Les ours chassent essentiellement sur les plaques de glace et sont donc d'excellents nageurs. Il est l'heure de rentrer à la maison pour une bonne sieste.

Les tanières sont souvent creusées dans des **congères** le long de la côte.

1 Un morse

Le ciel de l'Arctique est très lumineux à 10 h du matin. Un morse solitaire, lassé de prendre le soleil sur une banquise, se laisse glisser dans l'eau. Avec l'une de ses nageoires postérieures, qui l'aide à se propulser, il éclabousse partout.

Le matin

L'**ours polaire** brise la glace avec sa patte avant. Qui sait ? Il va peut-être trouver quelque chose à manger là-dessous.

Les **rennes** fouillent la neige avec leur museau et leurs sabots pour trouver de la nourriture. Ils apprécient surtout les mousses et les lichens.

Les **renards polaires mâles** chassent généralement seuls. Ils peuvent couvrir jusqu'à 1 000 km à la recherche d'une proie.

Les **morses**, toujours heureux dans l'eau, sont d'excellents nageurs. Ils peuvent rester en immersion pendant une demi-heure.

La femelle **harfang des neiges**, tachetée de marron, est un peu plus grosse que le mâle qui est plus blanc avec de petites taches sur la poitrine et la queue.

Avec leurs joues rebondies

et leur museau rond, les morses sont plutôt mignons. Mais difficile de leur faire un câlin !

Les morses sont des mammifères, donc ils respirent l'air comme nous. Celui-ci nage et respire en même temps.

Avec 3,50 m de long et 1 700 kg, les mâles ont la taille d'une petite voiture

Les mâles adorent se prélasser ensemble au soleil. Ce groupe s'est réuni sur un bloc de glace flottante.

Géants maladroits

Ils cherchent buccins, palourdes et concombres de mer sur le fond. Ils nagent en eau peu profonde, ce qui leur permet de remonter facilement respirer à la surface.

Les morses mâles sont bruyants quand ils se battent. Ils ne se servent pas de leurs défenses, mais ils peuvent se blesser sans le vouloir. On pense qu'elles les aident à localiser leur nourriture.

Les morses passent deux tiers de leur temps dans l'eau, et viennent parfois se reposer sur la banquise.

Sous leur peau fripée, les morses ont une couche de gras, **le pannicule adipeux**, épais d'environ 10 cm.

Une drôle de tête

Les morses, mâles comme femelles, ont des défenses et de longs poils de moustaches. Ils s'en servent pour repérer la nourriture au fond de l'océan. Ils s'approchent alors et expulsent fortement de l'eau avec leur bouche pour en détacher les morceaux savoureux, qu'ils récupèrent avec leur museau.

Nombreux sont les animaux qui passent du temps sous l'eau. Même s'il y fait très froid, il y fait un peu plus chaud que dans l'air arctique, et on y trouve plein de nourriture.

Les narvals sont une espèce de petits cétacés. Les mâles ont une seule défense rectiligne, spiralée sur toute sa longueur. Comme la défense du morse, il s'agit en fait d'une grande dent. De nombreux historiens pensent qu'elle a inspiré le mythe de la licorne.

Les morses peuvent aussi dormir sous l'eau. Pour cela, ils remplissent des sacs d'air qu'ils ont dans la gorge. Ces sacs agissent comme des flotteurs, leur permettant de descendre et remonter pendant qu'ils font un petit somme.

Derrière leurs blanches gueules souriantes, les belugas cachent des dents pointues pour manger poissons et calamars. Parce qu'ils sont petits et un peu lents, ces cétacés sont la proie des plus gros et même des ours polaires.

Sous la glace

Dès l'âge de quatre semaines, les bébés phoques du Groenland commencent à nager et attrapent des poissons.

Les phoques avancent dans l'eau en agitant alternativement leurs nageoires postérieures.

Le plancton, la nourriture de base des baleines, est formé de millions de petits végétaux et animaux.

Dans le plancton vivent de petites créatures qui ressemblent à des crevettes et que l'on appelle le krill.

Les « baleines » dont on se servait pour faire les corsets provenaient des **fanons** des baleines.

Contrairement aux narvals et aux belugas, les baleines boréales n'ont pas de dents. Elles filtrent le plancton en faisant passer de grandes quantités d'eau à travers leurs fanons fibreux.

13 h 00

Le long des côtes, des plaques de glace sont solidement attachées à la terre.

L'endroit où la glace vient en contact avec l'eau libre, qu'on appelle le front de la banquise, attire de nombreux animaux et oiseaux.

Les ours polaires plongent de la banquise s'ils se sentent en danger.

Les eiders sont des « canards plongeurs ». Ils vont sous l'eau pour attraper des invertébrés et du poisson.

Le front de la banquise bouge selon les saisons. En hiver, il s'éloigne de la terre ferme. Puis, quand la mer de glace commence à fondre au printemps, il se rapproche de plus en plus. Le vent, les vagues et les courants le font bouger également.

À la fin du printemps et en été, de nombreux oiseaux vivent le long de la banquise. Ce canard est appelé un eider à lunettes, tu devines pourquoi ?

Sur la banquise

Les oiseaux charognards, comme ces grands corbeaux, survolent la banquise à la recherche de nourriture. Nombre d'entre eux ne font pas que se reproduire dans l'Arctique et passent tout l'hiver ici.

Certains fonds sont riches en crevettes et en palourdes. La tête de ce phoque barbu est rouge à cause du fer que contient la boue dans laquelle il fouille pour trouver cette savoureuse nourriture.

Les mammifères marins se nourrissent de poissons, de crustacés et de plantes. Cette baleine du Groenland filtre le plancton à travers ses fanons.

Les guillemots de Troïl se nourrissent de petits bancs de poissons, de crustacés, de vers et de calamars. Ils peuvent plonger jusqu'à 50 m de profondeur.

Les morses s'installent au bord de la banquise, où les eaux peu profondes leur permettent de se nourrir.

1 Mergules nains

En milieu d'après-midi

le ciel est rempli de mergules nains. Ils se reproduisent en grand nombre au printemps, couvant leurs œufs dans des trous abrités et dans des crevasses sur les versants ou les falaises surplombant la mer.

L'après-midi

Nageant dans l'eau glacée, un **ours polaire** affamé passe d'une plaque de glace à une autre à la recherche de poissons ou de mammifères marins.

Ces **caribous** lancés au grand galop sont sans doute pourchassés ou sentent qu'un danger menace leur groupe.

Pour bondir sur sa proie cachée dans la neige (sans doute un campagnol ou un lemming), ce **renard polaire** saute très haut en l'air.

Les **morses** ont une peau épaisse, rugueuse, très plissée, couverte de poils ras et épais. Ils sont généralement de couleur gris-marron foncé.

Un **harfang des neiges** plane à la recherche de lemmings. S'ils sont nombreux, il vivra ici toute l'année. Sinon, il migrera vers le sud durant l'hiver.

Certains oiseaux de l'Arctique,

comme les harfangs des neiges, les lagopèdes, les grands corbeaux et certains guillemots, vivent ici toute l'année. On les appelle des résidents. D'autres, comme les oies, les canards et les sternes arctiques, volent jusqu'ici pour se reproduire pendant les mois d'été. Ce sont des migrateurs.

La sterne arctique accomplit une migration stupéfiante tous les ans : elle parcourt 35 400 km de l'Arctique vers l'Antarctique et elle revient !

Les eiders à duvet sont des migrateurs. Ils mangent surtout des palourdes, qu'ils écrasent avec leur bec et avalent d'un seul coup.

Les hareldes boréales, très répandus en Arctique, ont de vives couleurs, marron et blanc. Ils s'appellent bruyamment les uns les autres.

Les sternes arctiques vivent et se nourrissent en grands groupes appelés des colonies.

En dehors de l'époque de la reproduction, le guillemot de Troïl se déplace beaucoup pour trouver de la nourriture. Celui-ci a l'air de voler sous l'eau.

Les oiseaux polaires

De temps en temps, tous les oiseaux d'une colonie se taisent soudainement, puis s'envolent d'un coup, tous ensemble.

Les oies des neiges sont blanches avec des ailes à moitié noires. Elles se reproduisent dans l'Arctique, mais n'y vivent pas toute l'année.

Près d'un glacier, une colonie de sternes se reproduit et se nourrit aux côtés des pétrels fulmars et des mouettes tridactyles, d'autres oiseaux de l'Arctique dont la nourriture provient presque exclusivement de la mer.

Regarde nos jolis manteaux de **plumes** blancs et noirs.

Les guillemots de Brünnich (*Uria lomvia*) se nourrissent sur les falaises rocheuses en immenses colonies bruyantes et à l'odeur très forte. Ces oiseaux volent bien mais sont maladroits au décollage et à l'atterrissage. Ils se déplacent plus facilement dans l'eau que dans les airs.

Le lemming occupe une place très importante dans la chaîne alimentaire arctique, au plus bas niveau. Tous les mammifères et les oiseaux carnivores de la région le convoitent. Pour certains, comme les renards ou les harfangs des neiges, il représente leur principale nourriture. D'autres les mangent à défaut de proies plus grosses et plus charnues.

Les labbes à longue queue se nourrissent essentiellement de lemmings. Parfois, ils les volent à d'autres oiseaux. Ils peuvent même creuser dans le sol pour pénétrer dans leurs terriers.

Le lemming est la nourriture de base de nombreux animaux de l'Arctique. Quand ils sont rares, parce qu'eux-mêmes ne trouvent pas suffisamment de nourriture, les autres animaux en souffrent.

Je mange surtout des **plantes**, mais je peux aussi parfois avaler des **insectes**.

« Pitié, ne me vois pas ! »

À l'approche de l'hiver, de longues griffes poussent sur les pattes avant des lemmings à collier. Ils peuvent ainsi creuser dans la neige à la recherche de nourriture.

Qui mange qui ?

Les faucons gerfauts ont besoin des lemmings. Là où se trouvent de nombreux gerfauts, se trouvent aussi de nombreux lemmings.

Les harfangs des neiges mangent principalement des lemmings. Quand il n'y en pas assez, le nombre de chouettes chute terriblement.

Les sympathiques hermines sont redoutées par les lemmings et les campagnols, leurs proies principales.

Le puissant loup de l'Arctique préfère manger des caribous ou des bœufs musqués, mais quand il n'en trouve pas, il se contente de phoques, de canards, de lièvres et même de lemmings.

Les petits mammifères, et les lemmings en particulier, constituent le menu principal du renard polaire.

Les lemmings sont les grands favoris des gloutons (ou carcajous) mais ceux-ci mangent aussi d'autres petits animaux. Et des très gros aussi !

Les puissants bœufs musqués sont les seuls animaux de l'Arctique qui n'ont pas besoin de chercher un abri par mauvais temps, même dans le blizzard. Leur nom vient de la forte odeur de musc qu'ils dégagent à la saison des amours.

Les bœufs forment un

Un manteau à plusieurs couches

Les bœufs musqués portent un manteau de longs poils rugueux (appelés jarres) qui pend comme une grande chemise sur leur corps massif. Dessous, une toison laineuse plus légère, en contact avec la peau, leur procure une excellente isolation.

Manteau de fourrure

Ce petit a des bosses là où ses cornes grandiront plus tard et un manteau de poils ras. Parfois, il vient se mettre au chaud sous le manteau de sa mère.

Parce qu'ils sont menacés, sans doute par des loups ou un ours polaire, ces adultes forment un cercle face au danger et placent les plus jeunes à l'abri, au centre.

La vie en communauté

17 h 02 La neige forme une croûte dure. En hiver, les bœufs se servent de leurs sabots pour trouver le lichen et l'herbe qu'ils apprécient.

17 h 14 Les bœufs adultes peuvent courir jusqu'à 40 km/h pour échapper à leurs ennemis. Les plus jeunes aiment se pourchasser juste pour s'amuser.

17 h 45 Ces mâles font une joute : ils se font face, reculent, puis courent l'un contre l'autre et se donnent des coups de tête jusqu'à ce que l'un d'eux abandonne.

« cercle de défense »

Sous leur manteau sombre et poilu, les bœufs musqués ont des pattes claires et velues...

18 h 00

1 Un renne

Ces rennes ont passé l'hiver dans l'Arctique aride et sont amaigris. Mais ce n'est peut-être pas à cause du manque de nourriture : des experts pensent qu'à l'approche de l'hiver, les rennes mangent instinctivement moins pour réduire leur poids ; ainsi, ils n'ont pas besoin de beaucoup de nourriture pour survivre.

Le crépuscule

Cet **ours polaire** bien gras a tué un phoque, dont il ne mangera peut-être que la peau et la graisse. S'il était affamé, il ne laisserait que les os.

Les **caribous** ne vivent pas dans la partie la plus froide de l'Arctique mais ils remontent vers le nord au printemps, quand les femelles vont mettre bas.

Quand le blizzard souffle, le **renard polaire** protège son museau du froid en enroulant autour de lui son épaisse queue touffue.

Les **morses** grognent très fort quand ils se bagarrent ou quand ils sont énervés. Quand ils sont en groupe, on peut entendre leur vacarme à des kilomètres à la ronde.

Quand un **harfang des neiges** a capturé une proie, il la cache des autres prédateurs en la mettant sous son aile.

Les cerfs de l'Arctique (*Rangifer tarandus*), qui migrent sur de longues distances, ont des sabots adaptés à la neige. Mâles et femelles portent des **bois**. En Europe et en Asie, on les appelle des **rennes** ; en Amérique du Nord, des **caribous**.

Chaque année, les bois des cerfs de l'Arctique tombent et repoussent à nouveau.

Les rennes et les caribous forment de grands troupeaux qui se déplacent vers le nord, au printemps, quand les bébés vont naître, et vers le sud, en hiver, pour trouver de la nourriture et s'abriter. Les caribous sont sauvages alors que les rennes sont généralement domestiqués.

La migration

Le cerf arctique utilise ses sabots et son museau pour attraper les herbes et le lichen sous la couche de glace.

Les caribous et les rennes migrent sur de grandes distances, jusqu'à 1 000 km. Les rennes sont généralement conduits par des gardiens de troupeau.

Les sabots des cerfs arctiques les aident à nager et à marcher dans la neige. Ces caribous, en route pour leur migration automnale, traversent une rivière.

20 h 00

Une seule règle : survivre

Les labbes sont de grands oiseaux de mer très agressifs qui mangent de petits mammifères, des poissons et d'autres oiseaux. Celui-ci dévore un lagopède.

Après avoir chassé et tué un bébé lièvre, ce renard de l'Arctique s'apprête à le dévorer.

Les gloutons, très féroces, sont capables de tuer des mammifères bien plus gros qu'eux. Celui-ci se nourrit sur la carcasse d'un caribou.

Pour nous, l'Arctique semble un univers hostile où la nourriture est rare. Mais de nombreux animaux parviennent à survivre en chassant, tuant et mangeant d'autres animaux, un comportement courant dans la nature. On appelle ces animaux des prédateurs.

Les loups couvrent d'immenses distances à travers des étendues glacées à la recherche de nourriture.

Pour le dîner, rien n'est meilleur pour un ours polaire qu'un délicieux phoque sur la glace.

La dure loi de la vie

Cette meute de loups pourchasse un troupeau de bœufs musqués lancé à pleine vitesse.

Le loup arctique se nourrit de presque tous les animaux qu'il trouve, des petits, comme les lagopèdes, les lièvres ou les lemmings, jusqu'aux plus grands, comme les bœufs musqués et les caribous.

En hiver, nous portons des chaussures spéciales ou des bottes pour ne pas avoir froid aux pieds et éviter de glisser sur la neige ou la glace. Dans l'Arctique, les pattes des animaux ont besoin de la même protection, et la nature a tout prévu.

Le sabot du renne, composé de deux orteils très écartés, agit comme une raquette qui répartit le poids de l'animal sur les surfaces de neige ou de glace. La patte reste flexible car ses tissus sont épais, gras et souples.

La longue fourrure soyeuse et blanche du lièvre couvre tout son corps, y compris ses pattes. Quand il fait vraiment très froid, les lièvres s'asseyent sur leurs pattes arrière, qui sont isolées par une fourrure jaunâtre plus épaisse et rugueuse.

Pour mieux s'agripper, les pieds des lièvres portent des griffes, quatre sur les pattes arrière et cinq sur les pattes avant.

Marcher sur la neige

Quand ils traversent une étendue glacée, les ours polaires laissent des traces très visibles. Celles-ci sont fraîches. L'ours ne doit donc pas être très loin !

Les hommes, seuls prédateurs des **ours polaires** suivent leurs **traces** pour les chasser.

D'épaisses plumes couvrent le bout des pattes des lagopèdes et les protègent du froid. L'hiver, elles couvrent même la plante de leurs pattes pour améliorer leur adhérence au sol.

Des centaines de petites bosses à peine visibles, ressemblant à des verrues, couvrent la paume des nageoires du morse. Elles lui permettent de s'agripper à la glace la plus glissante.

Les ours polaires ont d'épais coussinets noirs et sans poils sous les pieds. Ils ont cinq orteils griffus à chaque patte, séparés par de longs poils.

22 h 00

1 Ours polaire

Durant la nuit, en avril, la lumière de l'Arctique est douce, rosée et pâle. Le soleil ne se couche pas, et les animaux ne dorment pas forcément. Cet ours polaire solitaire est sûrement en train de chasser, avançant furtivement sur les immenses étendues glacées.

La nuit

Quand un **ours polaire** baille, on voit que sa gueule et sa langue sont noires. Sous sa fourrure blanche, sa peau est noire aussi.

En Norvège, des troupeaux de milliers de **rennes** se dirigent vers le nord pour y passer l'été. Ils peuvent affronter de violentes tempêtes de neige.

L'épais manteau d'hiver du **renard polaire** lui tient bien chaud. En été, sa fourrure devient gris-brun. Elle est aussi plus fine.

Les défenses des **morses** sont en fait de longues dents et permettent de connaître le statut d'un mâle dans le groupe. Le chef porte les plus grandes.

La vue des **harfangs des neiges** est très perçante. Ils voient très bien dans le noir et peuvent repérer des proies sur le sol tout en volant haut dans le ciel.

La nourriture peut être rare

dans l'Arctique et certains animaux mangent les restes des proies laissées par d'autres, ou des animaux morts naturellement et même des détritus oubliés par les hommes. À l'occasion, quand la famine menace, ils vont même plus loin...

Un loup affamé renifle des bois dans l'espoir de trouver un petit morceau de chair à manger.

Les ours polaires nettoient les **os des baleines** du moindre petit morceau de chair, de peau ou de **graisse**.

Les charognards se nourrissent d'animaux morts et de détritus laissés par des humains.

Échouée sur une plage de l'Arctique, la carcasse d'une baleine du Groenland attire les ours polaires. Même si les phoques constituent leur nourriture principale, les experts pensent qu'un dixième de leur alimentation est composée de viande de baleine.

Les charognards

Les grands corbeaux sont d'habiles charognards. On les voit souvent se nourrir sur la carcasse d'un phoque ou d'un caribou.

Comme les ours polaires, les goélands bourgmestres aiment manger du phoque, mais ils ne les tuent pas.

Les renards polaires peuvent se retrouver côte à côte avec des ours polaires. Quand la nourriture est très rare, ils mangent parfois les crottes des ours.

Les gloutons sont de grands charognards. Leurs puissantes mâchoires et leur cou solide leur permettent d'écraser les os et de mordre dans la chair glacée.

Les animaux qui vivent

dans l'Arctique dépensent beaucoup d'énergie pour se protéger du froid et se déplacer à la recherche de nourriture. Il leur faut beaucoup de repos mais comme il n'y a pas toujours de jours clairs et de nuits sombres, ils dorment quand ils en ressentent le besoin.

Ce renard endormi enfouit son nez mouillé sous sa queue pour avoir chaud.

Les renards polaires se réveillent parfois en fin de journée, car ils ont souvent passé la nuit à chasser des lemmings. Ils se roulent en boule pour dormir.

En avril, l'Arctique peut être encore plus froid qu'un congélateur.

Une grande plaque de glace peut sembler un drôle d'endroit pour faire une petite sieste, mais les morses s'y sentent bien. Ils n'ont pas une douce fourrure comme les ours polaires et les renards, mais leur pannicule adipeux est si chaud et si épais qu'ils peuvent dormir profondément sur les surfaces les plus dures et les plus froides.

Se protéger du froid

Avant d'entamer une petite sieste, cet ours polaire a creusé un abri confortable dans une congère sous le regard de deux renards qui comptent bien manger les restes de son repas.

Ce troupeau de rennes en migration, qui vient de traverser une violente tempête de neige, s'installe dans la neige fraîche pour un repos bien mérité.

Les morses confortablement allongés au milieu de ce groupe sont des adultes. Ceux situés aux deux extrémités, avec de petites défenses, sont les plus jeunes.

De l'aurore au crépuscule

Glossaire

Voici la signification de quelques mots importants rencontrés au cours de cette découverte de l'Arctique et des animaux qui y vivent.

BANQUISE : Amas de glaces flottantes.

PANNICULE ADIPEUX : L'épaisse couche de gras qu'ont certains animaux, comme les phoques, pour les protéger du froid.

CARCASSE : Le corps mort d'un animal.

CHAROGNARD : Un animal qui se nourrit sur les carcasses d'autres animaux ou des détritus humains.

COLONIE : Un groupe d'animaux qui vivent ensemble. Les sternes arctiques et les guillemots vivent en colonies.

FANON : Les longues lames cornées à base de kératine (comme nos ongles) que certaines baleines ont dans la bouche pour filtrer le plancton.

GEL : Ce qui se passe quand l'eau se transforme en glace.

ISOLANT : Matériau servant à protéger du chaud ou du froid (et même du bruit). La graisse protège du froid.

MAMMIFÈRE : Un animal à sang chaud qui boit le lait de sa mère quand il est bébé.

MARIN : Qui a un lien avec la mer. Les baleines et les phoques sont des mammifères marins.

MIGRATION : Déplacement d'un endroit à un autre en fonction des saisons. Les animaux migrent en général pour trouver de la nourriture ou pour se reproduire.

NATIF : Des animaux, des plantes ou des hommes qui appartiennent à un endroit particulier. Les ours polaires sont natifs de l'Arctique.

NURSERIE : L'endroit sur la banquise où un grand groupe de phoques femelles se rassemblent pour donner naissance à leurs petits.

PACK : Masse de glace de mer à la dérive.

PLANCTON : Une masse de minuscules plantes et animaux qui flottent dans la mer et procurent de la nourriture aux poissons et aux animaux marins.

PRÉDATEUR : Un animal qui chasse, tue et mange d'autres animaux.

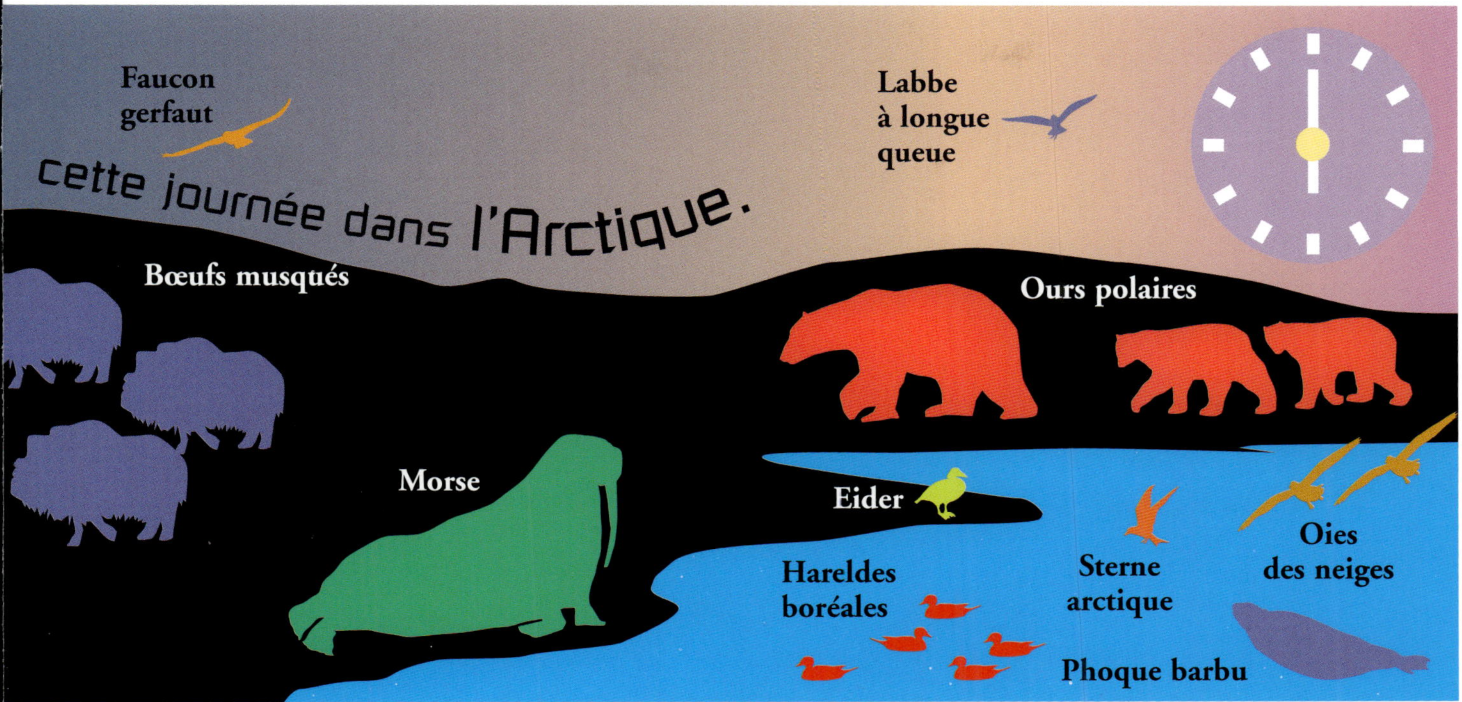

PROIE : Un animal qui est chassé, tué et mangé par des prédateurs.

REPRODUCTION : Le fait de donner naissance à des bébés.

SABOT : Chez certains animaux, comme les rennes et les bœufs musqués, pied en corne, de forme arrondie.

TANIÈRE : Un endroit sûr où se reposer, creusé dans la terre ou la neige, en général par un prédateur. Les ours femelles font des tanières.

TERRIER : Un trou dans le sol dans lequel vit un animal. Les lemmings vivent dans des terriers.

TROUPEAU : Un grand groupe d'animaux, comme les caribous, qui vivent et se déplacent ensemble.

Crédits photographiques

L'éditeur tient à remercier les personnes suivantes pour l'avoir autorisé à reproduire leurs photographies :

(Légende : a-au-dessus ; b-bas ; c-centre ; g-gauche ; d-droit ; h-haut)

Alamy Images: Arco Images 29bd, 38hc, 42hd ; Juniors Bildarchiv 13hd, 31hd, 31bd ; blickwinkel 19hd, 28hd, 33cdb ; Steve Bloom Images 3, 5c, 14-15, 40, 40-41 ; Bryan And Cherry Alexander Photography 3, 7hd, 17hg, 18-19c, 22hd, 24, 24-25, 35bd, 43hd, 43cd ; Mark Duffy 7bd ; David Fleetham 20hg ; Image State 13cd ; Steven J. Kazlowski 17hd, 18-19, 19bd, 25cd, 30bg, 31hg, 36hg, 36cgb, 41hd, 41cdb, 42-43 ; Marco Regalia 35hd ; John Schwieder 14bg ; D.Kjaer / The National Trust Photo Library 26hg ; Visual & Written SL 4bd, 5bd, 23hd, 29hg, 29cd ; **AlaskaStock.com:** (c) 2006 Steven Kazlowski 12bg ; Gary Schultz 1 ; Ardea: Sid Roberts 10hg ; Jack Swedberg 33cda ; M. Watson 11hg ; Doc White 17cdb ; Andrey Zvoznikor 28bg ; **Bryan and Cherry Alexander Photography:** 4hg, 22bg, 22-23, 26bg, 30-31b, 31cd, 38-39, 45hg ; **Corbis:** Theo Allofs 17cd ; Tom Brakefield 36cga ; Tom Brakefield / Zefa 8bg ; Alan & Sandy Carey / Zefa 10bg ; Philip James Corwin 20cd ; Daniel J. Cox 48 ; Dan Guravich 4bg, 8-9, 9hd ; Hannu Hautala / Frank Lane Picture Agency 5bg ; Jacques Langevin / Sygma 37h (background) ; George D. Lepp 41cd ; Frank Lukasseck / Zefa 2, 6, 6-7 ; Hans Reinhard / Zefa 3, 32, 32hg, 32-33 ; Sea World of California 20b ; Uwe Walz 43hg ; Stuart Westmorland 27bd ; Staffon Widstrand 29bg ; Douglas Wilson / FLPA 21cg ; Winifried Wisniewski / Zefa 5hg ; **FLPA:** Ron Austing 25bd ; Jim Brandenburgh / Minden Pictures 5hd, 12, 25cda, 36-37, 37h, 37b ; Flip de Nooyer / Foto Natura 26cg ; FLIP Nicklin / Minden PIctures 21b, 23bg, 39bd ; Michio Hoshino / Minden Pictures 13bd ; David Hosking 26-27 ; Yva Momatiuk / John Eastcott / Minden Pictures 35hg, 37hg ; Michael Quinton / Minden Pictures 23hg ; Rinie Van Muers / Foto Natura 44-45 ; John Watkins 26cgb ; Winifried Wisniewski 27hd ; Winifried Wisniewski / Foto Natura 10hd ; Konrad Wothe / Minden Pictures 29hd ; **Getty Images:** Pal Hermansen 25hd ; National Geographic 2-3b ; **Magnus Elander:** 2, 10-11, 15h, 15cg, 15c, 15cd, 16hg, 16-17, 19hg, 38bg, 39hd, 39cd ; **naturepl.com:** Doug Allan 23cd ; Terry Andrewartha 7cd ; Niall Benvie 17bd ; Asgeir Helgestad 17cda, 41cda, 45hd ; Steve Kazlowski 7cda ; Tom Mangelsen 7cdb, 29cda ; Mark Payne-Gill 44hd ; Mike Potts 28-29 ; Doc White 23bd ; Andrey Zvoznikov 33bd ; **OSF / photolibrary:** Doug Allen 21h ; Daniel Cox 43bd ; Mark Hamblin 34bg ; Norbert Rosing 11hd ; **Science Photo Library:** E.R. Degginger 41bd ; Still Pictures : Kelvin Aitken 25cdb ; Kevin Schafer 18hd ; **SuperStock:** age foto stock 33hd

Couverture : *1er plat* : Photodisc sauf Natalie Fobes c ; Taxi hd ; naturepl.com : Elio Della Ferrera tc (hermine). *4e plat* : Photodisc sauf Corbis : Kennan Ward bg (ours). Toutes les autres images © Dorling Kindersley. Pour plus d'information : www.dkimages.com

Remerciements

Dorling Kindersley voudrait remercier :
Tory Gordon-Harris, Clare Harris, Carrie Love, et Penny Smith pour leur aide à l'édition de ce livre.

Index